THIS BOOK BELONGS TO:

_____

FOR PURCHASING THIS PRODUCT
AND FOR YOUR TRUST.

We are constantly working to improve our products for you. That's why we welcome your feedback on what we can change and improve about this product.

Please feel free to contact us at: jonaskid@outlook.com

If you find the book helpful, we would appreciate a review on Amazon. That would help us produce more books like this.

The QR code leads directly to the review area on Amazon.

Thank you very much!

This book is designed to help children develop their writing skills. The book contains a variety of exercises that slowly increase in difficulty. In this way, your child can first build up basic fine motor skills and then steadily improve them as the practice phase progresses.

Please accompany and support your child during practice. Your child should be instructed again and again on the correct pencil position. This is the basis for the development of correct handwriting.

In addition, the writing direction should be observed when writing the numbers and letters to enable a good writing flow. The arrows provide assistance in this regard.

The book is divided into 5 parts:

PART 1:
Tracing different lines and figures

PART 2:
Learning the alphabet
Learning letters and coloring pictures

PART 3:
Writing sight words

PART 4:
Writing first simple sentences

PART 5:
Numbers and number words

BONUS PART 6:
Cutting out exercises

This book can be used both at home and at school. Teachers are allowed to copy the book for their own teaching. However, teachers are not allowed to copy the book for other teachers. Each teacher should purchase their own copy of this book.

If you have any suggestions or ideas for improving this book, please feel free to contact us at the following email address: s.eibert@outlook.com.

We wish you much joy and success in learning to write!

PART 1:
TRACING LINES AND FIGURES

Carefully trace the lines and figures.

Name: _____ Date: _____

Name: _____   Date: _____

1
2

1
2

1

1

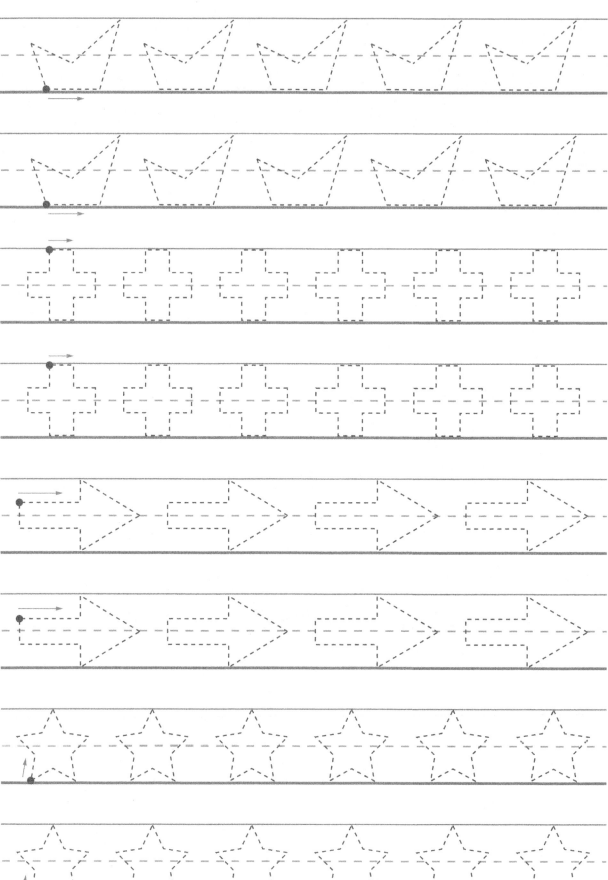

PART 2:
ALPHABET AND LETTERS

Trace the letters.
Pay attention to the directional arrows.
Color the pictures carefully!

Let's start!

Aa Bb Cc Dd

Ee Ff Gg Hh Ii

Jj Kk Ll Mm

Nn Oo Pp Qq

Rr Ss Tt Uu Vv

Ww Xx Yy Zz

1 2 3 4 5 6 7 8 9 0

A is for Apple

Name: _____   Date: _____

B is for Ball

B B B B B B B

B B B B B B B

B B B B B B B

b b b b b b b b

b b b b b b b b

b b b b b b b b

C is for Car

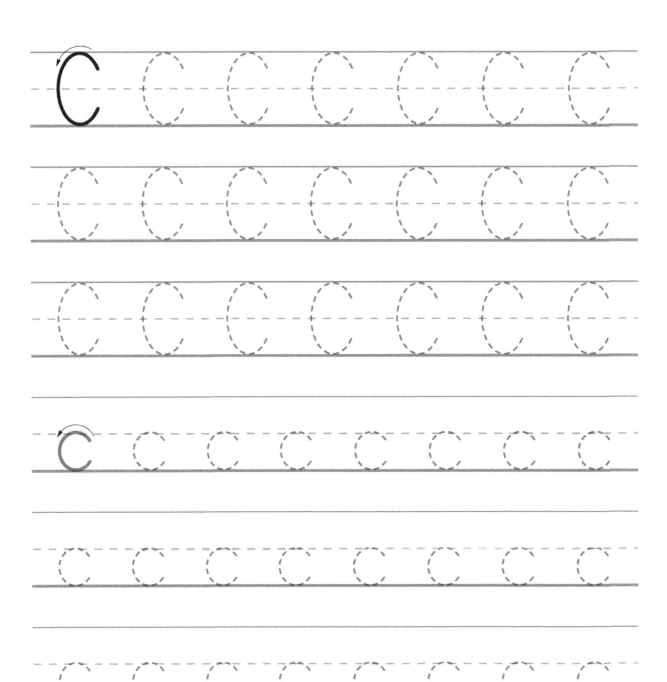

D is for Dog

D D D D D D D

D D D D D D

D D D D D D

d d d d d d d

d d d d d d d

d d d d d d d

E is for Egg

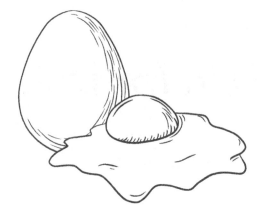

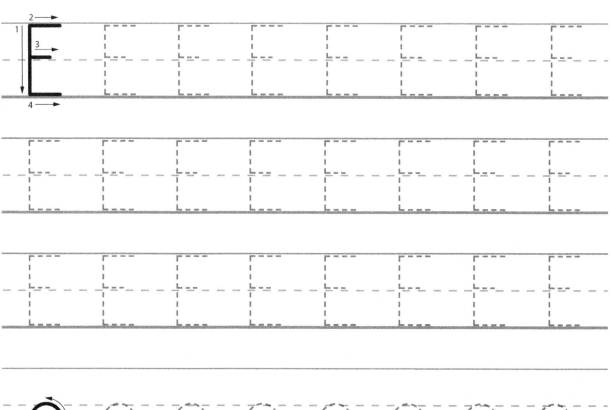

F is for Flower

G is for Girl

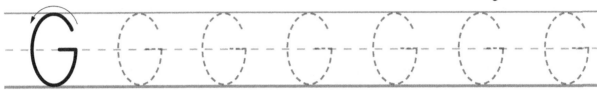

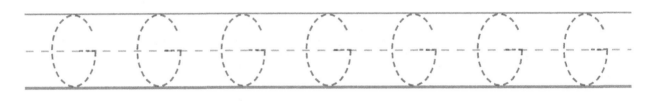

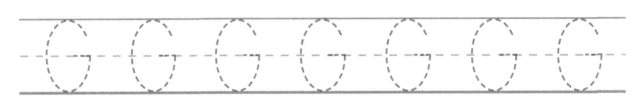

H is for Home

I is for Igloo

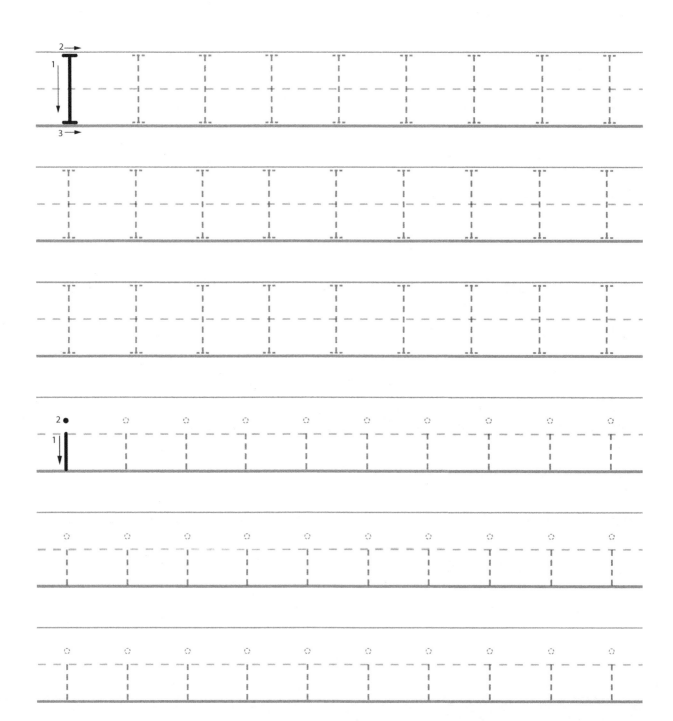

J is for Juice

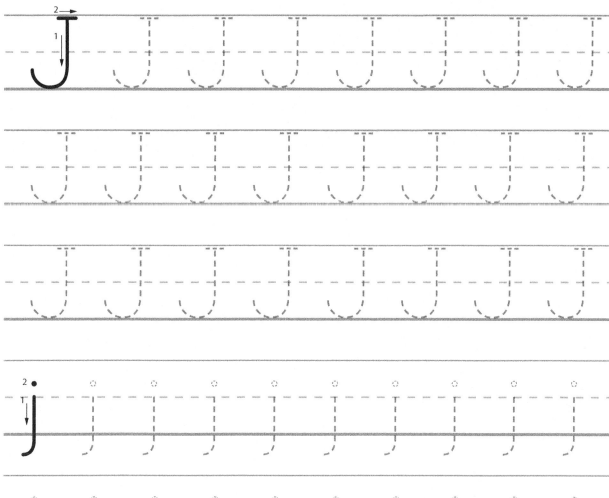

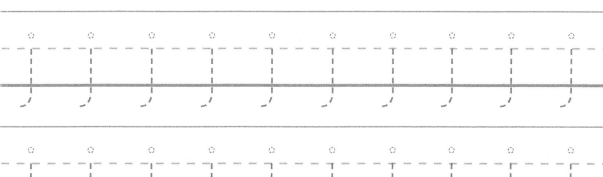

K is for Kite

K K K K K K K K K

K K K K K K K K

K K K K K K K K

k k k k k k k k k

k k k k k k k k

k k k k k k k k

L is for Lamp

M is for Mouse

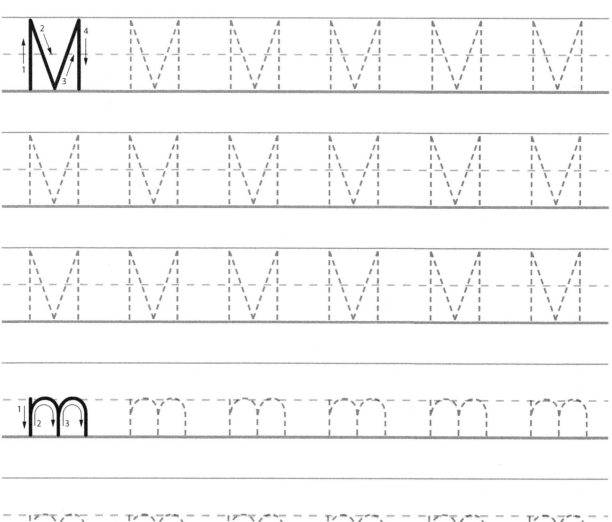

N is for Nest

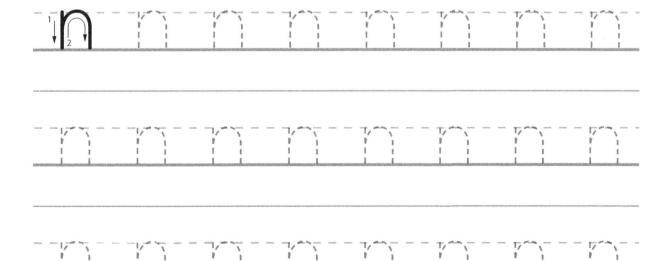

O is for Octopus

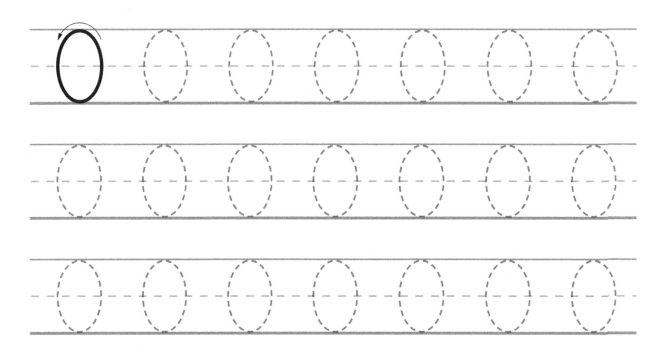

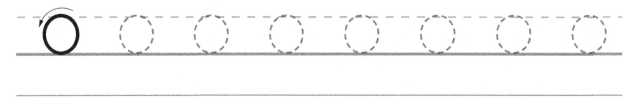

P is for Pig

Name: _____   Date: _____

Q is for Queen

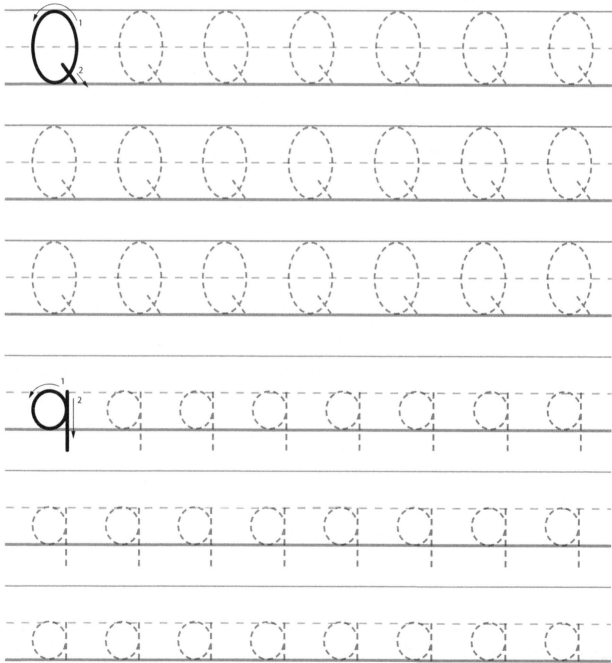

R is for Rocket

R R R R R R R R

R R R R R R R R

R R R R R R R R

r r r r r r r r r r

r r r r r r r r r r

r r r r r r r r r r r

S is for Sun

S s s s s s s s

s s s s s s s s

s s s s s s s

S s s s s s s s

s s s s s s s s

T is for Tiger

U is for Unicorn

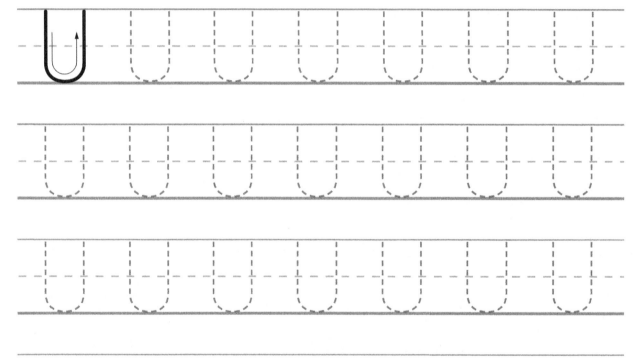

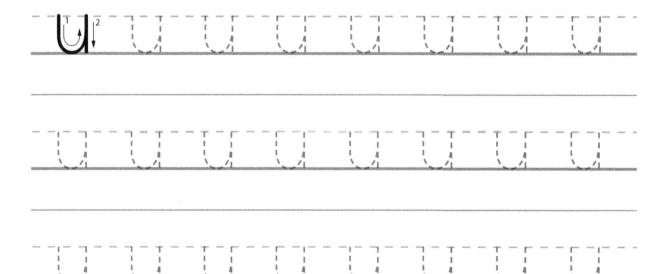

V is for Vase

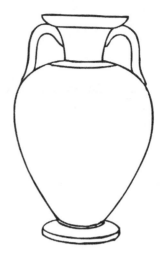

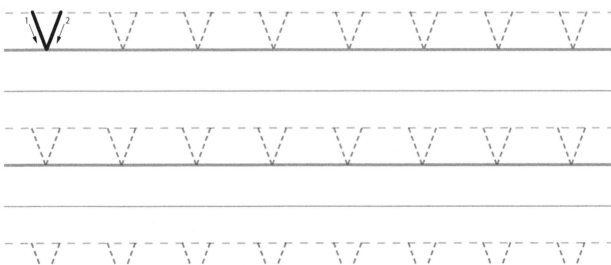

W is for Whale

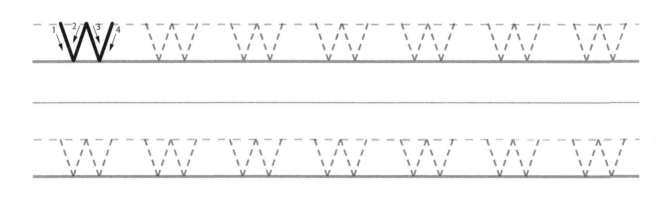

Name: _____   Date: _____

Y is for Yarn

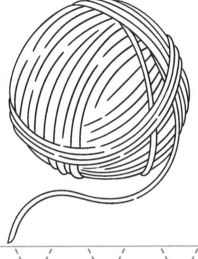

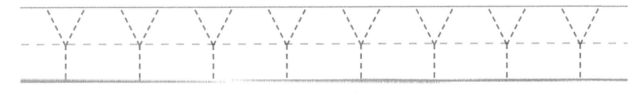

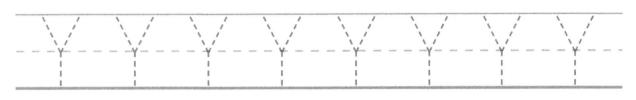

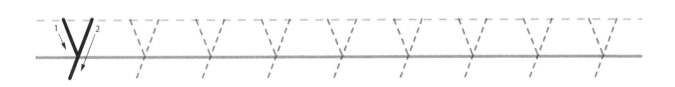

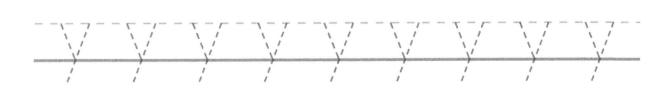

Z is for Zebra

Name: _____   Date: _____

A A A A A A A A

A A A A A A A A

A A A A A A A A

A A A A A A A A

A A A A A A A A

A A A A A

| A | B C D E F G H I J K L M N O P Q R S T U V W X Y Z |

B B B B B B B B B

B B B B B B B B

B B B B B B B B

B B B B B B B B

B B B B B B B B

B B B B B B B B

A B C D E F G H I J K L M N O P Q R S T U V W X Y Z

Name: _____   Date: _____

C C C C C C C C

C C C C C C C C

C C C C C C C C

C C C C C C C C

C C C C C C C C

C C C C C C C

A B C D E F G H I J K L M N O P Q R S T U V W X Y Z

D D D D D D D D

D D D D D D D D

D D D D D D D D

D D D D D D D D

D D D D D D D D

D D D D D D

A B C **D** E F G H I J K L M N O P Q R S T U V W X Y Z

Name: _____   Date: _____

E E E E E E E

ABCD**E**FGHIJKLMNOPQRSTUVWXYZ

A B C D E **F** G H I J K L M N O P Q R S T U V W X Y Z

Name: _____   Date: _____

G G G G G G G

G G G G G G G

G G G G G G G

G G G G G G G

G G G G G G G

G G G G G G

A B C D E F **G** H I J K L M N O P Q R S T U V W X Y Z

H

A B C D E F G H I J K L M N O P Q R S T U V W X Y Z

2→
1
↓
3→

I I I I I I I I I

I I I I I I I I

I I I I I I I I

I I I I I I I I

I I I I I I I I

A B C D E F G H **I** J K L M N O P Q R S T U V W X Y Z

J

J J J J J J J

J J J J J J J J

J J J J J J J J

J J J J J J J J

J J J J J J J J

A B C D E F G H I J K L M N O P Q R S T U V W X Y Z

Name: _____   Date: _____

K K K K K K K K

K K K K K K K K

K K K K K K K K

K K K K K K K K

K K K K K K K K

K K K K K K K

A B C D E F G H I J K L M N O P Q R S T U V W X Y Z

Name: _____   Date: _____

L

A B C D E F G H I J K **L** M N O P Q R S T U V W X Y Z

M

M M M M M M M M M

M M M M M M M M M M M

M M M M M M M M M M M

M M M M M M M M M M M

M M M M M M M M M M M

M M M M M M M M M M M

A B C D E F G H I J K L M N O P Q R S T U V W X Y Z

N N N N N N N N

N N N N N N N N

N N N N N N N N

N N N N N N N N

N N N N N N N N

N

A B C D E F G H I J K L M N O P Q R S T U V W X Y Z

O O O O O O O O O

O O O O O O O O O

O O O O O O O O O

O O O O O O O O O

O O O O O O O O O

O O O O O O O O O

A B C D E F G H I J K L M N O P Q R S T U V W X Y Z

P

P P P P P P P P

P P P P P P P P

P P P P P P P P

P P P P P P P P

P P P P P P P P

P P P P P P P

A B C D E F G H I J K L M N O P Q R S T U V W X Y Z

Q Q Q Q Q Q Q Q

Q Q Q Q Q Q Q Q

Q Q Q Q Q Q Q Q

Q Q Q Q Q Q Q Q

Q Q Q Q Q Q Q Q

Q Q Q Q Q Q Q Q

A B C D E F G H I J K L M N O P Q R S T U V W X Y Z

R R R R R R R R

R R R R R R R R

R R R R R R R R

R R R R R R R R

R R R R R R R R

R R R R R R R R

A B C D E F G H I J K L M N O P Q R S T U V W X Y Z

Name: _____   Date: _____

S S S S S S S S

S S S S S S S S

S S S S S S S S

S S S S S S S S

S S S S S S S S

A B C D E F G H I J K L M N O P Q R S T U V W X Y Z

A B C D E F G H I J K L M N O P Q R S T U V W X Y Z

U U U U U U U U U

U U U U U U U U U

U U U U U U U U U

U U U U U U U U U

U U U U U U U U U

A B C D E F G H I J K L M N O P Q R S T U V W X Y Z

V V V V V V V V V

V V V V V V V V V

V V V V V V V V V

V V V V V V V V V

V V V V V V V V V

V V V V V V V V V

A B C D E F G H I J K L M N O P Q R S T U V W X Y Z

Name: _____   Date: _____

W W W W W

W W W W W

W W W W W

W W W W W

W W W W W

A B C D E F G H I J K L M N O P Q R S T U V W X Y Z

ABCDEFGHIJKLMNOPQRSTUVW**X**YZ

Y Y Y Y Y Y Y Y

Y Y Y Y Y Y Y Y

Y Y Y Y Y Y Y Y

Y Y Y Y Y Y Y Y

X X X X X X X X

Y Y Y Y Y Y

A B C D E F G H I J K L M N O P Q R S T U V W X Y Z

1 →
Z
2
↓
3 →

A B C D E F G H I J K L M N O P Q R S T U V W X Y Z

a a a a a a a a a

a a a a a a a a

a a a a a a a a

a a a a a a a a

a a a a a a a a

a a a a a a a a

a b c d e f g h i j k l m n o p q r s t u v w x y z

Name: _____   Date: _____

b b b b b b b b

b b b b b b b b

b b b b b b b b

b b b b b b b b

b b b b b b b b

b b b b b b b b

a **b** c d e f g h i j k l m n o p q r s t u v w x y z

Name: _____   Date: _____

C c c c c c c c c

c c c c c c c c c

c c c c c c c c c

c c c c c c c c c

c c c c c c c c c

c c c c c c c c c

a b c d e f g h i j k l m n o p q r s t u v w x y z

Name: _____   Date: _____

d d d d d d d d

d d d d d d d d

d d d d d d d d

d d d d d d d d

d d d d d d d d

a b c **d** e f g h i j k l m n o p q r s t u v w x y z

e

a b c d e f g h i j k l m n o p q r s t u v w x y z

f

a b c d e **f** g h i j k l m n o p q r s t u v w x y z

g

g g g g g g g g

g g g g g g g g

g g g g g g g g

g g g g g g g g

g g g g g g

a b c d e f **g** h i j k l m n o p q r s t u v w x y z

h n n n n n n n n

n n n n n n n n n

n n n n n n n n n

n n n n n n n n n

n n n n n n n n n

a b c d e f g **h** i j k l m n o p q r s t u v w x y z

• 2

a b c d e f g h **i** j k l m n o p q r s t u v w x y z

j

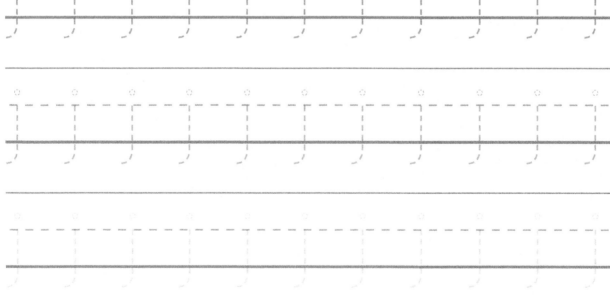

a b c d e f g h i **j** k l m n o p q r s t u v w x y z

k k k k k k k k k k

k k k k k k k k k k

k k k k k k k k k k

k k k k k k k k k k

k k k k k k k k k k

k k k k k k k k

a b c d e f g h i j k l m n o p q r s t u v w x y z

a b c d e f g h i j k l m n o p q r s t u v w x y z

m m m m m m

m m m m m m

m m m m m m

m m m m m m

m m m m m m

a b c d e f g h i j k l m n o p q r s t u v w x y z

n n n n n n n n n n n

n n n n n n n n n n

n n n n n n n n n n

n n n n n n n n n n

n n n n n n n n n n

n n n n n n n n n

a b c d e f g h i j k l m **n** o p q r s t u v w x y z

O o o o o o o o

o o o o o o o o

o o o o o o o o

o o o o o o o o

o o o o o o o o

o o o o o o o o

a b c d e f g h i j k l m n **o** p q r s t u v w x y z

p p p p p p p p

p p p p p p p p

p p p p p p p p

p p p p p p p p

p p p p p p p p

p p p p p p p p

a b c d e f g h i j k l m n o **p** q r s t u v w x y z

Name: _____   Date: _____

q a a a a a a a

a a a a a a a a

a a a a a a a a

a a a a a a a a

a a a a a a a a

a a a a a

a b c d e f g h i j k l m n o p **q** r s t u v w x y z

r r r r r r r r r r r r

r r r r r r r r r r r r

r r r r r r r r r r r r

r r r r r r r r r r r r

r r r r r r r r r r r r

r r r r r r r r r r r r

a b c d e f g h i j k l m n o p q **r** s t u v w x y z

S S S S S S S S S S

S S S S S S S S S S

S S S S S S S S S S

S S S S S S S S S S

S S S S S S S S S S

S S S S S S S S

a b c d e f g h i j k l m n o p q r s t u v w x y z

a b c d e f g h i j k l m n o p q r s **t** u v w x y z

U u u u u u u u u

U u u u u u u u u

u u u u u u u u u

u u u u u u u u u

u u u u u u u u u

u u u u u u u u u

a b c d e f g h i j k l m n o p q r s t **u** v w x y z

V V V V V V V V V

V V V V V V V V V

V V V V V V V V V

V V V V V V V V V

V V V V V V V V V

V V V V V V V V V

a b c d e f g h i j k l m n o p q r s t u v w x y z

Name: _____   Date: _____

W

a b c d e f g h i j k l m n o p q r s t u v W x y z

X X X X X X X X X X

X X X X X X X X X X

X X X X X X X X X X

X X X X X X X X X X

X X X X X X X X X X

X X X X X X X X X X

a b c d e f g h i j k l m n o p q r s t u v w X y z

y Y Y Y Y Y Y Y Y Y Y

Y Y Y Y Y Y Y Y Y

Y Y Y Y Y Y Y Y Y

Y Y Y Y Y Y Y Y Y

Y Y Y Y Y Y Y Y

Y Y Y Y Y Y Y Y

a b c d e f g h i j k l m n o p q r s t u v w x y z

Name: _____   Date: _____

Z Z Z Z Z Z Z Z Z

Z Z Z Z Z Z Z Z Z

Z Z Z Z Z Z Z Z Z

Z Z Z Z Z Z Z Z Z

Z Z Z Z Z Z Z Z Z

Z Z Z Z Z Z Z Z Z

a b c d e f g h i j k l m n o p q r s t u v w x y Z

PART 3:
WRITING SIGHT WORDS

First trace the words.
Then write the words on the lines provided.

Let's start!

Name: _____   Date: _____

at   are   and

Trace the sight word

at at at at at at at

Write the sight word

at

Trace the sight word

are are are are

Write the sight word

are

Trace the sight word

and and and

Write the sight word

and

A B C D E F G H I J K L M N O P Q R S T U V W X Y Z

be   by   but

Trace the sight word

be be be be be

Write the sight word

be

Trace the sight word

by by by by by

Write the sight word

by

Trace the sight word

but but but but

Write the sight word

but

A B C D E F G H I J K L M N O P Q R S T U V W X Y Z

can could called

Trace the sight word

can can can

Write the sight word

can

Trace the sight word

could could

Write the sight word

could

Trace the sight word

called called

Write the sight word

called called

A B **C** D E F G H I J K L M N O P Q R S T U V W X Y Z

did down do

Trace the sight word

did did did did

Write the sight word

did

Trace the sight word

down down

Write the sight word

down

Trace the sight word

do do do do do

Write the sight word

do

A B C **D** E F G H I J K L M N O P Q R S T U V W X Y Z

each   every   east

Trace the sight word

each   each

Write the sight word

each

Trace the sight word

every   every

Write the sight word

every

Trace the sight word

east east east

Write the sight word

east

A B C D **E** F G H I J K L M N O P Q R S T U V W X Y Z

from   first   for

Trace the sight word

from from from from

Write the sight word

from

Trace the sight word

first first first

Write the sight word

first

Trace the sight word

for for for for

Write the sight word

for

A B C D E **F** G H I J K L M N O P Q R S T U V W X Y Z

game   get   giant

Trace the sight word

game game

Write the sight word

game

Trace the sight word

get get get get

Write the sight word

get

Trace the sight word

giant giant

Write the sight word

giant

A B C D E F **G** H I J K L M N O P Q R S T U V W X Y Z

he   his   how

Trace the sight word

he he he he he

Write the sight word

he

Trace the sight word

his his his his his

Write the sight word

his

Trace the sight word

how how how

Write the sight word

how

A B C D E F G **H** I J K L M N O P Q R S T U V W X Y Z

in   is   into

Trace the sight word

in in in in in in in in

Write the sight word

in

Trace the sight word

is is is is is is is

Write the sight word

is

Trace the sight word

into into into

Write the sight word

into

A B C D E F G H I J K L M N O P Q R S T U V W X Y Z

just   june   jump

Trace the sight word

just just just

Write the sight word

just

Trace the sight word

june june june

Write the sight word

june

Trace the sight word

jump jump

Write the sight word

jump

A B C D E F G H I **J** K L M N O P Q R S T U V W X Y Z

know   keep   kind

Trace the sight word

know know

Write the sight word

know

Trace the sight word

keep keep

Write the sight word

keep

Trace the sight word

kind kind kind

Write the sight word

kind

A B C D E F G H I J **K** L M N O P Q R S T U V W X Y Z

like   little   long

Trace the sight word

like like like

Write the sight word

like

Trace the sight word

little little little

Write the sight word

little

Trace the sight word

long long long

Write the sight word

long

A B C D E F G H I J K L M N O P Q R S T U V W X Y Z

my   make   made

Trace the sight word

my my my my

Write the sight word

my

Trace the sight word

make make

Write the sight word

make

Trace the sight word

made made

Write the sight word

made

A B C D E F G H I J K L **M** N O P Q R S T U V W X Y Z

no   now   not

Trace the sight word

no no no no no

Write the sight word

no

Trace the sight word

now now now

Write the sight word

now

Trace the sight word

not not not

Write the sight word

not

A B C D E F G H I J K L M N O P Q R S T U V W X Y Z

or   of   outher

Trace the sight word

or or or or or or

Write the sight word

or

Trace the sight word

of of of of of of

Write the sight word

of

Trace the sight word

other other

Write the sight word

other

A B C D E F G H I J K L M N **O** P Q R S T U V W X Y Z

people   pick   play

Trace the sight word

people people people

Write the sight word

people

Trace the sight word

pick pick pick

Write the sight word

pick

Trace the sight word

play play play

Write the sight word

play

| A | B | C | D | E | F | G | H | I | J | K | L | M | N | O | P | Q | R | S | T | U | V | W | X | Y | Z |

quiz   quiet   queen

Trace the sight word

quiz quiz quiz

Write the sight word

people

Trace the sight word

quiet   quiet

Write the sight word

quiet

Trace the sight word

queen   queen

Write the sight word

queen

A B C D E F G H I J K L M N O P Q R S T U V W X Y Z

rain   red   rabbit

Trace the sight word

rain rain rain

Write the sight word

rain

Trace the sight word

red red red

Write the sight word

red

Trace the sight word

rabbit rabbit

Write the sight word

rabbit

A B C D E F G H I J K L M N O P Q R S T U V W X Y Z

said   she   some

Trace the sight word

said said said

Write the sight word

said

Trace the sight word

she she she

Write the sight word

she

Trace the sight word

some some

Write the sight word

some

A B C D E F G H I J K L M N O P Q R S T U V W X Y Z

the   to   this

Trace the sight word

the the the the the

Write the sight word

the

Trace the sight word

to to to to to

Write the sight word

she

Trace the sight word

this this this

Write the sight word

this

A B C D E F G H I J K L M N O P Q R S T U V W X Y Z

up   use   useful

Trace the sight word

up   up   up   up

Write the sight word

up

Trace the sight word

use   use   use

Write the sight word

use

Trace the sight word

useful   useful

Write the sight word

useful

A B C D E F G H I J K L M N O P Q R S T U V W X Y Z

very   view   video

Trace the sight word

very very very

Write the sight word

very

Trace the sight word

view view

Write the sight word

view

Trace the sight word

video video

Write the sight word

video

A B C D E F G H I J K L M N O P Q R S T U V W X Y Z

was   with   watch

Trace the sight word

was was was

Write the sight word

was

Trace the sight word

with with with

Write the sight word

view

Trace the sight word

watch watch

Write the sight word

watch

A B C D E F G H I J K L M N O P Q R S T U V **W** X Y Z

box   fox   exit

Trace the sight word

box   box   box

Write the sight word

box

Trace the sight word

fox   fox   fox

Write the sight word

fox

Trace the sight word

exit   exit   exit

Write the sight word

exit

A B C D E F G H I J K L M N O P Q R S T U V W **X** Y Z

Name: _____   Date: _____

you   your   york

Trace the sight word
_____

your your you

Write the sight word
_____

you

Trace the sight word
_____

your your your

Write the sight word
_____

your

Trace the sight word
_____

york york york

Write the sight word
_____

york

A B C D E F G H I J K L M N O P Q R S T U V W X **Y** Z

zen   zero   zebra

Trace the sight word

zen   zen   zen

Write the sight word

zen

Trace the sight word

zero   zero

Write the sight word

zero

Trace the sight word

zebra   zebra

Write the sight word

zebra

A B C D E F G H I J K L M N O P Q R S T U V W X Y Z

PART 4:
WRITING SIMPLE SENTENCES

First trace the sentences.
Then write the sentences on the lines provided.

Let's start!

Name: _____ Date: _____

Trace the sentences

I like pizza.

Write the sentences

Trace the sentences

I like bananas.

Write the sentences

Trace the sentences

I like cake.

Write the sentences

Trace the sentences

I like pears.

Write the sentences

Trace the sentences

I like hamburger.

Write the sentences

Name: _____   Date: _____

Trace the sentences
I like my car.

Write the sentences

Trace the sentences
I like my bike.

Write the sentences

Trace the sentences
I like my pencils.

Write the sentences

Trace the sentences
I like my sisters.

Write the sentences

Trace the sentences
I like my brothers.

Write the sentences

Name: _____   Date: _____

Trace the sentences

I see the bus.

Write the sentences

Trace the sentences

I see the dog.

Write the sentences

Trace the sentences

I see the pig.

Write the sentences

Trace the sentences

I see a cat.

Write the sentences

Trace the sentences

I see a rat.

Write the sentences

Name: _____   Date: _____

Trace the sentences

The cat is big.

Write the sentences

Trace the sentences

The animal is large.

Write the sentences

Trace the sentences

The chick is yellow.

Write the sentences

Trace the sentences

The bear is white.

Write the sentences

Trace the sentences

The bird is blue.

Write the sentences

Name: _____   Date: _____

Trace the sentences

This is a key.

Write the sentences

Trace the sentences

This is a kite.

Write the sentences

Trace the sentences

This is a knife.

Write the sentences

Trace the sentences

Do you see the cat?

Write the sentences

Trace the sentences

Do you see a worm?

Write the sentences

Name: _____   Date: _____

Trace the sentences

I can see the dog.

Write the sentences

Trace the sentences

I can see the rabbit.

Write the sentences

Trace the sentences

We like pencils.

Write the sentences

Trace the sentences

We like paints.

Write the sentences

Trace the sentences

We like notebooks.

Write the sentences

Name: _____   Date: _____

Trace the sentences

We can see a slide.

Write the sentences

Trace the sentences

We like to slide.

Write the sentences

Trace the sentences

We see the swings.

Write the sentences

Trace the sentences

We like to swings.

Write the sentences

Trace the sentences

We like to eat.

Write the sentences

Name: _____   Date: _____

Trace the sentences

She is painting.

Write the sentences

Trace the sentences

She likes to paint.

Write the sentences

Trace the sentences

She is skiing.

Write the sentences

Trace the sentences

She likes to skate.

Write the sentences

Trace the sentences

She is home in bed.

Write the sentences

Name: _____   Date: _____

Trace the sentences

He likes the bike.

Write the sentences

Trace the sentences

He is riding the

Write the sentences

Trace the sentences

He kicks the ball.

Write the sentences

Trace the sentences

He can run fast.

Write the sentences

Trace the sentences

He is playing golf.

Write the sentences

Name: _____   Date: _____

Trace the sentences

Look at sky.

Write the sentences

Trace the sentences

She is my mom.

Write the sentences

Trace the sentences

My bike is big.

Write the sentences

Trace the sentences

The girl can cut.

Write the sentences

Trace the sentences

It is for you.

Write the sentences

Name: _____   Date: _____

Trace the sentences

It is my birthday.

Write the sentences

Trace the sentences

Good morning Mom.

Write the sentences

Trace the sentences

Look at me.

Write the sentences

Trace the sentences

That is my cat.

Write the sentences

Trace the sentences

I like ice cream.

Write the sentences

Trace the sentences

Here is the dog.

Write the sentences

Trace the sentences

This gift is for you.

Write the sentences

Trace the sentences

That is a big truck.

Write the sentences

Trace the sentences

That belongs to me.

Write the sentences

Trace the sentences

She is my friend.

Write the sentences

Name: _____   Date: _____

Trace the sentences

Are you good?

Write the sentences

Trace the sentences

How are you?

Write the sentences

Trace the sentences

What is your name?

Write the sentences

Trace the sentences

What do you like?

Write the sentences

Trace the sentences

Where is my book?

Write the sentences

Name: _____ Date: _____

Trace the sentences

Who has an apple?

Write the sentences

Trace the sentences

Please go to sleep.

Write the sentences

Trace the sentences

Your work is pretty!

Write the sentences

Trace the sentences

When will yo go?

Write the sentences

Trace the sentences

We are in the cab.

Write the sentences

Name: _____   Date: _____

Trace the sentences

You and I can go.

Write the sentences

Trace the sentences

Here is my pen.

Write the sentences

Trace the sentences

They like to jog.

Write the sentences

Trace the sentences

The ice will melt!

Write the sentences

Trace the sentences

Can you play today?

Write the sentences

PART 5:
NUMBERS AND NUMBER WORDS

First trace the numbers and number words.
Then write them on the lines provided.

Note the directional arrows.

Let's start!

0

zero

0 0 0 0 0 0 0 0

0 0 0 0 0 0 0 0

0 0 0 0 0 0 0 0

zero zero zero

zero zero zero

one

I

one one one

one one one

2

two

2 2 2 2 2 2 2 2

2 2 2 2 2 2 2 2

2 2 2 2 2 2 2 2

two two two

two two two

three

3 3 3 3 3 3 3 3 3

3 3 3 3 3 3 3 3 3

3 3 3 3 3 3 3 3 3

three three

three three

4

four

4 4 4 4 4 4 4 4 4

4 4 4 4 4 4 4 4 4

4 4 4 4 4 4 4 4 4 4

four four four four

four four four

five

5 5 5 5 5 5 5 5

5 5 5 5 5 5 5 5

5 5 5 5 5 5 5 5

five five five

five five five

six

6 6 6 6 6 6 6 6

6 6 6 6 6 6 6 6

6 6 6 6 6 6 6 6

six six six six

six six six six

7

seven

7 7 7 7 7 7 7 7 7 7

7 7 7 7 7 7 7 7 7

7 7 7 7 7 7 7 7

seven seven

seven seven

8

eight

8   8   8   8   8   8   8   8

8   8   8   8   8   8   8   8

8   8   8   8   8   8   8   8

eight eight

eight eight

9 ₁ ₂

nine

9 9 9 9 9 9 9 9 9

9 9 9 9 9 9 9 9

9 9 9 9 9 9 9 9

nine nine nine nine

nine nine nine

10 ten

10 10 10 10 10

10 10 10 10 10

10 10 10 10 10

ten ten ten ten

ten ten ten ten

11

eleven

eleven eleven

eleven eleven

12   twelve

12

12 12 12 12 12

12 12 12 12 12

12 12 12 12 12

twelve twelve

twelve twelve

13 thirteen

13 13 13 13 13

13 13 13 13 13

13 13 13 13 13

thirteen

thirteen

14 ¹⁴ fourteen

14   14   14   14   14

14   14   14   14   14

14   14   14   14   14

fourteen

fourteen

15   fifteen

15 15 15 15 15

15 15 15 15 15

15 15 15 15 15

fifteen fifteen

fifteen fifteen

16   sixteen

16   16   16   16   16

16   16   16   16   16

16   16   16   16   16

sixteen sixteen

sixteen sixteen

17 seventeen

17   17   17   17   17   17

17   17   17   17   17   17

17   17   17   17   17

seventeen

seventeen

18   eighteen

18   18   18   18   18

18   18   18   18   18

18   18   18   18   18

eighteen

eighteen

19 nineteen

19   19   19   19   19

19   19   19   19   19

19   19   19   19   19

nineteen

nineteen

20 twenty

20 20 20 20 20

20 20 20 20

20 20 20 20

twenty twenty

twenty twenty

BONUS PART 6:
SCISSORS SKILLS

Color the pictures.
Carefully cut out the colored pictures with scissors.

Let's start!

LET'S CUT OUT
A PANDA

LET'S CUT OUT
A CLOCK

LET'S CUT OUT
EMOTICONES

LET'S CUT OUT
A DINOSAUR

LET'S CUT OUT
THE UMBRELLA

LET'S CUT OUT
A WHALE

LET'S CUT OUT
A MAGIC WAND

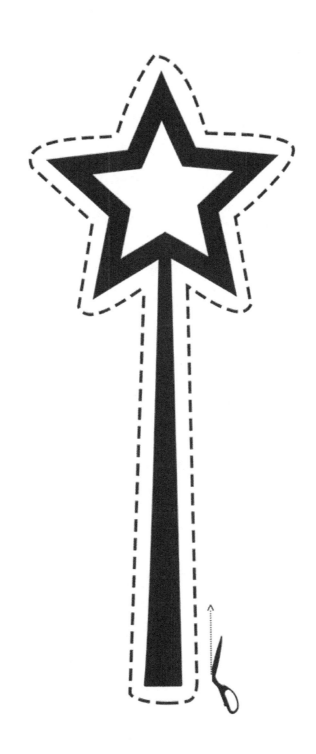

LET'S CUT OUT
A RABBIT

LET'S CUT OUT
A PIZZA

LET'S CUT OUT
A STAR

Maybe you also like this book?

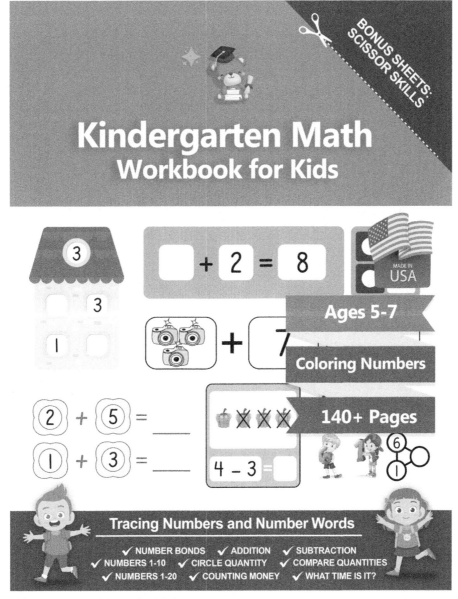

ISBN-13: 979-8841401124
ASIN: B0B6XX8R7Z

Imprint:

Jonas Kids is represented by:

NAME: SERGEJ EIBERT | ADDRESS: 2880 W OAKLAND PARK BLVD STE 225C,

OAKLAND PARK, FL 33311

E-mail: jonas.kid@outlook.com | Edition: 1st edition

Made in the USA
Coppell, TX
30 August 2023

21008343R00103